Aus dem Leben gegriffen

- tröstliches, kurioses, träumerisches –
zum denken und danken

Vorwort

Dieser kleine Band entstand in einer Phase tiefster Dunkelheit. Die sich lichtete und schöpferisch wurde (auch wenn sie mir unzählige schlaflose Nächte im Bett mit Block und Stift bereitet hat). Die Worte – gegeben vom Vater im Himmel und der Mutter auf der Erde – sollen Trost spenden, Kraft geben, neuen Mut schöpfen lassen. Kuriositäten des Lebens – „angerührt" á la Anja. Erwarte nichts. Lass dich einfach in den Worten treiben. Vielleicht rühren sie auch dich an. Ich wünsche es mir.

Friede sei mit euch.
Amen.

Danksagung

Mein Dank gilt dem Vater im Himmel und der Mutter auf der Erde – durch die die Worte flossen -, meiner Familie, Freunde, Kolleginnen, Sergio Bambaren,... und das Leben – jeder eine Inspiration auf seine Art. Danke.

Inhaltsverzeichnis

Ich bin für dich da!

Ich bin für dich da.
Du weißt es. Du spürst es.
Dieses tiefe Verständnis.
Andere haben dieses Verständnis nicht.
Und du bist enttäuscht darüber.

Aber ich verstehe dich.
Unsere Ebene ist eine andere.
Für viele nicht zugänglich.
Eine Ebene zwischen den Welten.

Hab' keine Angst.
Ich verstehe dich und bin für dich da.
Alle sind wir für dich da.
Alles ist gut.

Du brauchst dir keine Sorgen machen.
Für die anderen ist gut gesorgt.
Mach' dir keine Gedanken. Alles ist gut.
Werd' erstmal wieder gesund.

Alles ist in Ordnung. Alles ist geregelt.
Deine Fragen brennen – und keiner versteht dich.
Aber ich
bin da.

Sei ruhig und hab' keine Angst.
Alles ist gut. Wir sind alle da.
Du bist nicht alleine.

Sorge dich nicht und quäl dich nicht mit Fragen.
Alles ist in Ordnung. Für alle(s) ist gesorgt.
Wir lieben dich.
Sei ganz ruhig.
Du bist nicht alleine! Wir sind alle bei dir.

Hab' keine Angst.
Du bis nicht alleine.

Engel oder „Menschenflüsterer"

Warum bin ich ein Engel?
Ein Engel, der Betroffene versteht,
wo Angehörigen der „Zutritt" verwehrt ist?

Eine Gabe? Ein Geschenk? Vom Vater im Himmel und der Mutter auf
der Erde?
Um denen zu helfen, die nicht verstanden werden (können).
Eine Art „Menschenflüsterer".
(Dabei habe ich nach diesem Engel für den Betroffenen gerufen.
Nicht ahnend, dass ich es selbst sein würde.
Nun ja – war vielleicht auch „logisch". ?)

Tiefes Verständnis, reden und Ruhe.
Zeigen, dass man da ist.
Das derjenige nicht alleine ist.
Das er verstanden wird.
Das alles gut ist. In Ordnung. Das alles geregelt ist.
Das er sich keine Sorgen machen muss.
Und keine Angst zu haben braucht.

Ängste des Betroffenen verstehen.
Hab' keine Angst. Ich bin für dich da.
Der Engel breitet seine Flügel aus und gibt die Kraft und Stärke.
Den deinen auch.

Warum bin ich dieser Engel?
Um denen zu helfen, die mich brauchen.
Die nicht verstanden werden.
Die nicht mehr die Kraft haben, sich mitzuteilen.

Hoffnung geben. Liebe. Stärken und kräftigen.
Ängste nehmen. Frieden schenken.
Und ein Lächeln auf die Lippen zaubern.
Wie düster es auch sein mag.

Engel des Todes, nutze deine Gabe
und hilf denen, die deiner Hilfe benötigen.
Den „stillen Verzweifelten". Die keine Stimme mehr haben.
Wie schwer es auch sein mag.

Amen.

Denn die Ängste jener sind, ob der Partner / die Partnerin versorgt ist.
Ob es ihm / ihr gut geht. Ob es den Kindern gut geht.
Das man alle lieb hat und dies leider nicht mehr verständlich machen
kann.

Wut? Hilflosigkeit in seiner Lage.
Verzweiflung. „Warum versteht mich keiner?"
Was hab' ich noch alles nicht erledigt?
Was wollte ich / wollten wir nicht noch alles machen?
Aber es ist jemand da, der dich versteht!
Der dir zuhört. Deine Verzweiflung spürt.
Dich beruhigt. Dir Frieden schenkt.
Diese Gewissheit tut gut. Es wird leichter.

Hat man nun die Kraft zu kämpfen?
Zumindest die Hoffnung. Und Liebe.
Der Engel des Todes kann dich nicht heilen.
Aber dir beistehen. Dir alle Ängste nehmen.
Alles wird gut. Wenn es „soweit sein" sollte, wirst du es wissen.
Alles ist gut. Du brauchst keine Angst zu haben. Dir wird nichts
passieren. Du wechselst nur die Ebene des Bewusstseins. Du kannst
nicht in zwei Ebenen gleichzeitig leben. Aber du weißt jetzt, dass alles in
Ordnung ist. Du brauchst keine Angst haben. Du wirst anderen helfen
und ständig lernen. Und du wirst deinen Frieden finden.

Hier zählt nicht mehr, wie viel Geld man hat, wie viel erreicht wurde oder
was auch nicht. Hier existiert nur noch Angst, Verzweiflung, brennende
Ungewissheit. Nach dem Job, dem Haus oder Auto fragt keiner mehr.
Hier nicht.

Aber alles ist gut.
Dafür bin ich da. Für das, was wirklich wichtig ist: die Liebe.
Amen.

Tiefen Frieden schenken. Liebe Ruhe.
Eine Gabe, die nicht allen vergönnt ist.
Oder ist sie einfach nur ein sehr feines Gespür?

Helfen, wo andere Hilfe versagt.
Da sein. Verstehen. Frieden schenken.
Hoffnung und Liebe geben.

Und den Glauben daran, dass alles gut wird und ist.

Denen helfen, die aus dem Leben gerissen in eine Lage geraten sind, in der sie sich nicht mehr verständlich machen können. Bzw. die nicht mehr von allen verstanden werden kann. Die, die keinen „Kittel" anhaben. Engel sind sie. Gesandte des Vaters im Himmel und der Mutter auf der Erde.

23.11.2003

Habe den Mut, nicht vor dem Tod wegzulaufen, Engel. Du hast Angst, das ist verständlich. Aber derjenige braucht dich. Gerade jetzt. Gib ihm das Gefühl, die Gewissheit, nicht alleine zu sein. Nicht alleingelassen zu sein. Fass all deinen Mut zusammen. Selbst wenn du nie mehr erfährst, was der Betroffene empfunden hat – er weiß und spürt, dass du da bist. Und dafür wird er dir dankbar sein. Und seinen Frieden finden. Amen.

23.11.2003

Loslassen

Was geht in dir vor?
Du bist etwas verwirrt.
Du wurdest aus kurzer Dunkelheit gerissen.
Du fühlst dich zerschlagen an.
Du weißt nicht, was geschehen wird.
Du hast Angst.
Die ganzen Geräte sind dir fremd, die Leute, die um dich bemüht sind, kennst du nicht.
Das Licht ist zu grell.
Gibt es Hoffnung für dich?
Du bist zuversichtlich.
Auch wenn dir alles weh tut und sich wund anfühlt.
Du willst es versuchen.
Du gibst dein Bestes. Bemühst dich. Aber es fällt schwer.
Jetzt, da die kurze Dunkelheit gewichen ist, möchtest du im Licht bleiben.
Du denkst nach und realisierst deine Welt.
Erinnerst dich, wo du her kamst.
Du denkst nach. Du versuchst zu sagen, dass es dir leid tut. Was auch immer. Du realisierst, wie hilflos du und deine Lieben sind.
Du denkst nach. Was alles war. Denkst an dein Zuhause, wie du als Kind gespielt hast. Wie hart die Zeiten waren. Hunger. Entbehrung. Flucht. Als Kind waren deine Eltern für dich da, die dir geholfen haben. Und Großeltern. Schule, Lehre, Beruf. Wie war das noch alles? Schöne,

lehrreiche Zeiten. Die große Liebe deines Lebens. Du lächelst in dich hinein. Jetzt gabst du deinem Kind, was du erfahren hattest, warst für es da. Ein Leben lang. Die ganzen Urlaube zu zweit. Alles. Ja, es war eine schöne Zeit gewesen. Eine schöne, ausgefüllte Zwischenstation. Dunkle Zeiten gab es auch. Aber die schönen überwiegen. Du hast viel gegeben und viel erhalten. Aber gibt es da nicht noch etwas? War da nicht noch was? Den Urlaub, den ich jetzt nicht mehr verbringen kann. Den ich immer so genossen habe. Wird sie es schaffen?
Meine Zeit ist gekommen, um diese Ebene zu verlassen.
Wird sie es schaffen? Und der Junge? Sie ist doch so hilflos. Habe doch alles gemacht. War vielleicht nicht richtig so. Hätte sie selbständiger sein lassen sollen. Dann wäre es jetzt nicht so schwer für sie. Der Junge kümmert sich. Der ist „richtig". Ich habe ihn sehr geliebt. Wir brauchten keine Worte dafür. Werden sie es schaffen? Kann ich sie alleine lassen? Ich möchte noch nicht, bin aber sehr müde. Ich habe viel gelernt und erfahren. Ich möchte gern erfahren, ob es da noch mehr gibt. Ich habe nichts mehr. So fühlt sich das also an. Nur noch sich selbst zu haben. Wer wird das Auto fahren? Der Junge, klar. Das Haus ist für sie alleine zu groß. Da soll sie was schönes Kleines suchen. Das ist schon in Ordnung. Ich hätte es wohl auch so gemacht. Aber alles ist jetzt nicht mehr wichtig. Es gibt nur noch mich. Es ist nur traurig, dass mich keiner versteht. Will sagen, wie lieb ich sie beide habe und das sie sich keine Sorgen machen müssen.
Mir geht es gut. Ich bin so leicht. Ich weiß, dass meine Zeit gekommen ist, in die andere Ebene zu wechseln. Aber ich möchte noch nicht. Kann ich vielleicht doch zurück? Ich habe noch Dinge, die ich hier tun wollte. Was ist das? Da ist einer, der mich versteht. Jetzt wird alles gut. Sie versteht mich und macht mir verständlich, dass alles in Ordnung ist. Die Sachen, die noch offen sind, sind geregelt. Alles andere ist nicht so wichtig. Ich kann ganz beruhigt sein. Ein schönes Gefühl. Verstanden zu werden. Ich bin erleichtert. Freue mich. Nun kann ich in Ruhe wechseln. Meine Liebe bleibt hier. Für die, die die Meinen sind. Sie tröstet und gibt die Gewissheit, dass es mir gut geht. Sie sollen leben. Mit mir. Ich werde da sein. Auch wenn ich wechsel! Ich liebe euch. Von ganzem Herzen. Alles andere ist so unwichtig. So unwichtig.
Amen.

Warum?

Unendliche Qualen. Unendliche Pein.
Panische Angst. Die Kehle wird „zugeschnürt".
Die Luft fehlt, alles tut weh und fällt schwer.
Warum muss das so sein?

Panische Attacken, weil plötzlich alles zu eng wird.
Wo bleibt die Luft? Stechende Schmerzen.
Die Sinne schwinden. Und kehren zurück,
um festzustellen, dass die Pein noch da ist.

Jeder Atemzug fällt schwer. Alles ist trocken.
Mit jedem Atemzug kann es zuende sein. Die Pein.
Aber noch lässt das irdische Leben, der Körper, nicht los.
Warum? Überlebenswille? Auch jetzt noch!

Ich möchte gerne gehen. Ich weiß, dass alles in Ordnung ist.
Aber ich kann nicht. Warum? Bin ich vielleicht doch noch nicht bereit?

Deckt mich nicht zu. Mir ist nicht kalt.
Ich habe andere Sorgen.
Mit wird der Brustraum zu eng. Ich will atmen!
Bloß nichts drauf, was den Hauch Luft erschwert.
Es ist so schon schwer genug.

Morphium ist jetzt gut. Ich werde ruhig.
Kann endlich ruhig schlafen.
Und meine Pein hinter mir lassen.
Danke.

Friede sei mit euch! Amen.

Wie lange ist es her?

Wie lange ist es her?
Das du gegangen bist?
Mir kommt es vor wie eine Ewigkeit.
Dabei war es erst gestern.

Was hat Zeit für eine Bedeutung?
Zeit ist das Maß der Menschen,
um den Tag einzuteilen.
Ansonsten ist Zeit bedeutungslos.

Wir leben alle im Hier und Jetzt.
In diesem Augenblick.
Das Gestern war ein Traum.
Vielleicht ein schöner,
vielleicht ein schrecklicher.
Das Morgen ist die Hoffnung.
Den Augenblick haben wir sicher.
Nur in ihm können wir die Richtung
für das Morgen lenken
und aus dem Traum vom Gestern lernen.

Aber da ist diese Schwere.
Als wenn man sonst was getan hätte.
Schwer und leer. Irgendwie.
Als wäre es eine Ewigkeit her
und nicht erst gestern.

Nur noch schlafen.
An nichts denken.
Für einen kurzen Moment
alles hinter sich lassen.
Kraft schöpfen.
Um weitergehen zu können.

Vergiss die Zeit.
Und ich werde bei dir sein.

Amen.

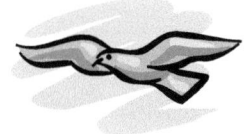

Nun bin ich hier

Nun bin ich hier -
in einer anderen Ebene als ihr.
Ich fühle mich wohl,
mir geht es gut.

Es gibt so viel zu tun.
Ich treffe alle meine Lieben wieder,
die diese Ebene lange vor mir
erreicht haben.

Es ist schön und ich bin glücklich.
Ich bin leicht und frei,
kann gehen, wohin ich will.
Zeit spielt keine Rolle.

Und ich sehe euch.
Sehe eure Trauer.
Dabei habe ich es nie gewollt,
dass ihr um mich weint.

Ich bin bei euch.
Seid nicht traurig.
Und wenn ihr einmal nicht weiter wisst,
denkt daran, wie ich es getan hätte –
und ich werde euch mit Rat zur Seite stehen.
Hört nur ganz genau hin.
Ich verlasse euch nicht.
Auch wenn meine Stimme leiser wird.
Hört genau hin. In euch hinein.
Mit eurem Herzen werdet ihr mich
jederzeit hören können.

Denkt an mich –
aber trauert mir nicht nach.
Nun ist die Zeit gekommen,
euer eigenes Leben zu führen.

Gebt meine Liebe weiter. Amen.

29.11.2003

Es ist vollbracht

Meine Lieben – es war schön.
War auch manches so, wie ihr nicht wolltet –
ich fand es schön.

Die Worte, die ich drei Wochen vorher bei unserer Einsegnung zu 50
Jahren Hochzeit
schon einmal erleben durfte.
Es war schön.

Die Blumenpracht habt ihr richtig ausgesucht.
Ich liebte Blumen und Pflanzen.
Sie waren Leben. Je bunter, desto besser.

Die „Eskorte" zu meiner letzten, irdischen Stätte –
die hätte nicht sein müssen.
Aber ich habe es genossen. Danke.
Danke für eure Liebe.

Ich sandte euch die Sonne.
Die, die ich so liebte.
Mit ihrer Freundlichkeit und Wärme.
Sie erhellt die Herzen. Balsam für Seele und Körper.

Ich sage euch Dank.
Für eure Bekanntschaft, eure Liebe.
Die Bekanntschaft – sie endet hier.
Eure und meine Liebe jedoch nicht.

Habt Dank für eure letzte irdische Ehre für mich –
an einem wunderschönen Tag –
den ihr und ich gestaltet habt.

Ich freue mich über eure neuen Verbindungen in meinem Sinne.
Ich habe meinen Frieden gefunden.
Wie sehen uns wieder. Ich bin immer für euch da!
Amen.

29.11.2003

Neue Verbindungen

Wie waren hier alle zusammengekommen.
Um einen lieben Menschen,
der uns kannte,
den wir ein Stück weit unseres Lebens
begleiten durften,
die letzte Ehre zu erweisen.

In der Kapelle hörten wir viele Worte.
War unser geliebter Freund in den Worten wiederzufinden?
Für manche ja, andere lernten ihn dadurch näher kennen.

Wir kehrten in uns und überdachten
die Zeit, die wir mit diesem lieben Menschen
verbringen durften. Eine schöne Zeit.
Hab' Dank dafür. Eine reiche Zeit.

Wir geleiteten dich auf deinem letzten, irdischen Wege.
Die letzte, irdische Ehre.

Dies ist auch eine Zeit der Innekehr.
Des Innehaltens.
Des Überdenkens des eigenen Lebensweges.

Auch wenn wir uns fremd waren,
lernten wir uns anschließen, beim gemeinsamen Beisammensein
näher kennen.

Es entstanden neue Verbindungen lieber Menschen.
Die dich gekannt, geliebt und geschätzt haben.

In deinem Sinne.
Danke.

Friede sei mit euch. Amen.

29.11.2003

Ein neuer Anfang

Du ließest dein irdisches Leben hinter dich.
Und hinterließest eine Lücke.
Das ist auch gut so.
Denn dann ist klar, dass dein Leben und Wirken auf Erden
Spuren hinterlassen hat.
In den Menschen.
In den Herzen.

Spuren hinterlassen bedeutet,
gelebt zu haben.
So im Leben gestanden zu haben,
dass es andere positiv berührt hat.

Spuren hinterlassen,
den eigenen Weg gegangen zu sein.
Die Liebe gelebt zu haben.

Für uns
bedeutet es einen neuen Anfang.
Wie standen in deiner Liebe.
Einen neuen Anfang –
ohne dich.

Es ist schwer –
aber indem wir deine Liebe weitergeben
wird es leichter.

Bis auch wir eines Tages
Spuren hinterlassen.

Für einen neuen Anfang.

Friede sei mit euch.
Amen.

29.11.2003

So lange es geht

Wer kennt es nicht –
dieses Gefühl „ach, hätte ich doch nur…" –
aber dafür ist es jetzt zu spät. Ich bin gegangen.

Bevor man sich Gedanken und Vorwürfe mach:
besucht einander –
wann immer es geht.

Lebende kann man in Freude besuchen –
die Gegangenen nur im Frieden.

Die Gegangenen hätten sich mehr darüber gefreut,
wenn ihr sie im Leben besucht hättet.

Die Liebe hätte dann neue Sprossen treiben können.
Neues Verständnis, neue Freundschaften,
bemerken, dass man da ist
und lebt.

Besucht euch, so lange ihr könnt,
verbreitet eure Liebe,
gebt eure Erfahrungen weiter.

Seht die Dinge anders,
seid weder schüchtern noch zu bequem.

Am Ende „ach, hätte ich doch nur…" zu sagen –
bringt weder dir noch mir.

Lebt die Liebe und tragt sie weiter.
So werdet ihr fröhlich sein in mir - und euren Frieden finden. Amen.

29.11.2003

Ständiger Wechsel

Täglich kommen und gehen
die Menschen. Alle Lebewesen.

Begrüßen wir die, die kommen und
verabschieden wir die, die gehen -
im irdischen Leben.

Ständige Veränderung,
die Neuerung bringt.
Nichts bleibt, wie es ist (so sehr man das auch wünscht).
Das ist das einzige, das sicher ist.

Ständige Veränderung bedeutet,
ständig zu wachsen.
Zu lernen, es besser zu machen.

Wachsen ist oftmals mit Qual verbunden.
Aber wenn alles glatt ginge
würden wir aufhören, zu wachsen.
Und das ist nicht im Sinne des Lebens.

Sinn des Leben ist es,
ständig zu wachsen.
Ständig zu lernen.
Die Liebe weiterzugeben.

Das irdische Leben ist nur eine der Schulen,
die wir durchlaufen,
um zu leben und zu wachsen.

Lassen wir sie hinter uns,
waren wir „reif" genug für die
nächste Schule des Lebens.

Ein ständiges wachsen
für die Liebe
und den Frieden. Amen.

Werde ruhig und lebe

Werde ruhig und lebe.
Horch in dich hinein.
Pass dich deinem Rhythmus an –
und nicht dem diktiertem.

Werde ruhig und entdecke die Langsamkeit.
Entschleunige dein Leben.
Sonst gehst du im Sog von Hast und Eile unter.

Lass dich nicht mit hinunterziehen.
Sonst verlierst du dich.
Und vergisst was es heißt, zu leben.

Leben ist mehr als Eile und Hektik.
Mehr als das „immer mehr", immer mehr wollen -
und das besonders schnell.

Wenn wir eilen können wir nicht genießen.
Wann haben wir das letzte Mal
innegehalten?

Werde ruhig.
Höre in dich hinein.
Lerne, auf dein Herz zu hören.
Lass dich nicht umgarnen.

Entdecke deine Zeit neu.
Lerne, was dir wichtig ist im Leben.
Und lege alles Unwichtige ab.

Werde ruhig.
Lerne, zu leben.
Alles braucht seine Zeit.
Vor allem dein Geist.

Höre in dich und lerne, der heutigen „Zivilisations"-Hektik
die Stirn zu bieten.
Für deinen Frieden. Amen.

Denk nach!

Sind wir Hamster? Oder Eichhörnchen?
Wenn du in der heutigen „Zivilisation" lebst, mit Sicherheit.
Vielleicht nur mit dem feinen Unterschied,
dass Hamster und Eichhörnchen
niemals Übergewicht bekommen...

Wir hamstern, sammeln, häufen an –
wollen immer mehr.
Sind nie zufrieden.

Warum?

Ganz klar – weil die Industrie es so will.
So weit sind wir also schon gesunken.
Ständige „Berieselung" suggeriert schon den Kleinsten,
viel zu haben oder bestimmte „Marken" seien lebensnotwendig.

Ein Phänomen der Masse.
Es wurde seit Menschengedenken (aus-)genutzt.
Heute ist es nur potenziert.

Was haben wir davon?
Die Industrie will verdienen -
Profit geht klar über Menschenleben.
Menschenleben sind nicht wichtig.
Die Masse fragt auch nicht danach.
Da wird blind gefolgt, blind „geprügelt" und verachtet,
der nicht „mitzieht".

Aber gerade diese Menschen brauchen wir.
Die der Masse entfliehen.
Die sich nicht berieseln lassen.
Die sich ihre eigene Meinung bilden können.
Zum Wohle derer, die ebenfalls bereit sind.

Die heutige Richtung der „Zivilisation" ist die falsche –
aber wir können entgegensteuern. Habt nur Mut! Amen.

29.11.2003

Die Welt wächst zusammen

„Globalisierung" nennt man das.
Darin bergen sich
Chancen – aber auch
Gefahren.

Die heutige „Zivilisation"
ist übersättigt von Informationen,
die sie ständig überfluten.

Die Masse glaubt.
Einzelne denken.
Und stellen vielleicht in Frage.

Chancen – ein offenes Ohr zu entwickeln.
Gefahren - sich „Bären aufbinden" zu lassen.

Chancen für die Menschheit,
zusammenzuwachsen.
Endlich Frieden zu finden.
Im gegenseitigen Verständnis.
Und Liebe.

Gefahren – sich in der Masse zu verlieren.
Jeder Einzelne ist wichtig.
Jeder ist Teil des Ganzen.

Verstehen lernen.
Neue Sichtweisen entwickeln.
Abwägen lernen.
Für sich selbst den Weg finden
ohne sich in der Masse zu verlieren.

Habt den Mut für diese neue Welt!
Den Mut, an ihr zu wachsen.
Dann gibt es immer Hoffnung. Für euch.
Friede sei mit euch. Amen.

29.11.2003

Ein neues Leben

Die Welt, die wir kannten,
ist zusammengebrochen.

Gerade noch war alles ok.
Auf einmal aber hat sich das Blatt gewendet.

Zusammenbruch ist ein Wendepunkt.
Zu einem neuen Leben.

Das bisherige überdenken.
Chancen und Wege sehen.
Neue Pforten tun sich auf.

Wir sind niemals alleine.

Wendepunkt heißt Wachstum.
Wie werden reifer.
Um den nächsten Herausforderungen zu begegnen.

Berge und Täler –
gehören unweigerliche zusammen.
Auf Regen folgt die Sonne.
Aber die Sonne scheint immer.
Du brauchst nur über die Wolken zu schauen.

Wachstum
heißt Leben.
Ein neues Leben.

Leben heißt Liebe.
Während wir leben und durch Wendepunkte wachsen,
wächst auch die Liebe.
Und somit der Friede. Amen.

Ich kann nicht mehr!

Ich kann nicht mehr!
Warum?

Weil ich am Ende bin!
Meine Last des Lebens ist zu groß geworden.
Ich vermag sie nicht mehr zu tragen.

Du brauchst sie nicht alleine zu tragen.
Ich bin bei dir.
Ich war schon immer bei dir.
Habe dir beigestanden.
Dich getröstet.
Dir zugehört.
Dein Lachen gesehen.

Wenn dir dein „Berg" der Last zu groß erscheint .
So lass ihn einfach liegen!
Schlepp ihn nicht mit dir herum.
Lass ihn liegen und erklimm ihn einfach.
Ist die Sicht nicht gleich viel besser von da oben?

Deinen „Berg" des Lebens kann ich dir nicht abnehmen.
Nur du entscheidest, ob du ihn mit dir herumtragen willst.

Du kannst ihn einfach liegen lassen.
Dazu gehört nicht viel. Nur Mut.
Dann aber wirst du befreit sein
und leicht.

Du siehst:
auch wenn du noch so verzweifelt bist und denkst
„Ich kann nicht mehr",
kannst du dich dennoch von deinem „Berg" befreien.
Es funktioniert. Auch bei dir.
Ich weiß es und werde dir beistehen.
Denn du bist niemals allein. Friede sei mit dir. Amen.

30.11.2003

Du selbst

Du selbst hast es in der Hand –
dich.
Deinen Weg.
Dein Schicksal.

Getragen bist du allezeit,
aber gehen musst du deinen Weg alleine.

Du entscheidest
was für dich das richtige ist.
Was für dich am besten ist.

Diese Entscheidungen
kann dir keiner abnehmen.

Kümmer' dich nicht darum was andere denken oder sagen
oder wie sie ihren Weg gehen.

Zuerst musst du für dich sehen,
dass dein Weg für dich der richtige ist.

Entscheidungen musst du treffen –
sind sie auch noch so hart.
Aufschieben bringt dir nichts.
Aufschieben heißt nicht aufheben.

Entscheidungen und Veränderungen bleiben –
auf deinem ganzen Weg.
An ihnen sollst du wachsen.

Wachse und verzweifle nicht –
so schwer es auch sein mag.
Ich werde dich immer tragen und trösten
und dir auf deinem Weg beistehen.
Du bist niemals allein. Friede sei mit dir. Amen.

Verlier dich nicht!

Verlier dich nicht
im Sturm des Lebens.

Sollten die Wogen auch noch so hoch toben –
es gehört zum Lauf des Lebens dazu.

Verlier dich nicht
in der unendlichen Weite
der Dunkelheit.

Versteck dich nicht.
Habe den Mut,
deinen Weg zu gestalten.

Es wurde dir in die Wiege gelegt.

Damit du deinen Weg findest.
Stürme lassen dich wachsen.
Flauten schenken dir Kraft.

Der Ozean des Lebens ist unendlich.
Schöpfe aus dieser unendlichen Fülle.

Zögere nicht.
Und verlier dich nicht im
Ozean der Dunkelheit.

Wir können alle aus dieser unendlichen Fülle schöpfen.
Dazu haben wir alle das gleiche Recht.
Es wurde uns in die Wiege gelegt.
Die Wiege des Lebens.

Verlier dich nicht –
hab' den Mut, aus dieser Fülle zu schöpfen.
Für dein Leben.
Und das der anderen.
Amen.

30.11.2003

Das kleine Schiffchen

Oft kommen wir uns vor
wie ein kleines, zerbrechliches Schiffchen,
das durch die Gewalt des Meeres
geschleudert wird.

Ziellos. Hilflos. Ausgeliefert.
Viel zu klein gegenüber einer
gewaltigen Macht. Alleine.

Aber hab keine Angst,
dein kleines Schiffchen Esperanza
gegen den Sturm zu richten.

Oder schwimm ganz oben auf den
Wellen des Sturms.
Mit ihnen wächst du.
Sie zehren an deinen Kräften,
aber sie lassen dich wachsen.

In der Flaute erfass die Schönheit.
Die Schönheit der Ruhe, des Lebens, des Augenblicks.
Du kannst jetzt deine Richtung neu bestimmen.
Dich ausruhen und Kraft tanken.
Durch den Sturm bist du gewachsen.
Dein Blick ist weiter geworden.

So kannst du in der Flaute
dein Schiffchen sicher steuern.

Die Stürme des Lebens versuchen,
dich aus deiner Bahn zu werfen.
Aber da du an ihnen wächst,
wirst du deinen Kurs
immer wiederfinden. Amen.

Brennende Augen

Wer kennt sie nicht?
Die brennenden, müden Augen?
Wenn nur noch das Bedürfnis da ist,
sie zu schließen?

Wir sehen viel.
Oft viel zu viel für ein Leben.

Sehen viel, was wir nicht sehen wollen.
Ohne etwas daran ändern zu können.
Gespeichert für immer.

Eingebrannte Bilder,
die nicht ausgelöscht werden können.

Diese können wir nur loslassen.
Sonst verfolgen sie uns –
ein Leben lang.
Dann werden die Augen immer brennen.

Lass los und sieh die schönen Bilder.
Ob du sie vor deinem inneren Auge hast
oder sie gerade in diesem Moment siehst.

Brennende Augen. Bilder der Seele.
Lass los, was dich verfolgt.
Was du nicht fassen kannst.

Zehre von den schönen Bildern.
Bei denen deine Augen leuchten.
Bewahr dir dieses Leuchten.
Und das Brennen wird seltener.

Bewahr dir dieses Leuchten –
deiner Augen zuliebe.
Dir zuliebe. Um deinen Frieden zu finden. Amen.

Befreie dich!

Befreie dich.
Von den Zwängen,
die die „Zivilisation" mit sich bringt.

Befreie dich –
von der Gier, immer mehr haben zu wollen.

Kehr um –
zu dir selbst.
Werde still.
Und horche.

Lerne, auf dein Herz zu hören.
Anfangs ist es vielleicht schwer,
weil du es verlernt hast
und die Stimme deines Herzens leise ist.

Entdecke dich neu.
Du wirst das wahre Leben erfahren.
Und lernen, wie wenig zum Leben
nötig ist.

Befreie dich
und du wirst erkennen,
was nötig ist.
Für dich.

Entscheide du.
Lass dich nicht entscheiden.
Befreie dich von den Zwängen -
die heute vielleicht zum guten Ton,
morgen vielleicht schon wieder „out" sind.

Befreie dich
und lerne, auf dein Herz zu hören.
Die Stimme des Lebens. Friede sei mit dir. Amen.

Sei gewiss

Sei gewiss,
dass du alles irdische Gut
zurücklassen musst.

Du wechselst die Ebenen –
aber du kannst nichts weiter
mitnehmen –
nur dass, was du im Herzen
trägst.

Die schönen Augenblicke,
Momentaufnahmen des
Friedens.
Die Erfahrungen. Das Wissen.
Die Freude.
Das alles kannst du mitnehmen –
auf deinem weiterem Weg.

So lerne, abzuwägen,
was dir wirklich wichtig ist.
Ein drittes Auto bringt dir in der
nächsten Ebene nicht viel...

Sammel' Augenblicke.
Sieh alles mit den neugierigen
Kinderaugen,
die nicht verlernt haben,

sich über alles zu freuen,
alles neu zu entdecken.
Jeden Tag.
Im Hier und Jetzt.

Pflanze den Samenkorn des
Friedens.
Gib die Liebe weiter.
Und die Hoffnung.

Lerne, was für dich wichtig ist..
Was dich weiterbringt.
Freue dich jeder Sekunde deines
Lebens –
alles ist ein kleines Wunder.

Versuche, dieses Wunder des
täglichen Lebens einzufangen.
Verabschiede dich von allem
Unnötigen.
Dies ist nur Ballast, der dich
hindert,
dein wahres Leben zu führen.
Zu lernen und zu wachsen.
Und deinen Frieden zu finden.
Amen.

30.11.2003

Es geht weiter!

Du verstehst es nicht.
Kannst es nicht fassen,
das ich gegangen bin
von dieser Ebene.

Du verstehst es nicht.
Fragst dich: warum?
Die Antwort kann ich dir
auch nicht geben.

Ich fasse dieses „Warum?" selber
nicht.
Es gab noch so viel für mich.
Aber ich war wohl bereit,
bereit für diese neue Ebene
des Lernens. Des
Weiterwachsens.

Ich fühle mich wohl hier.
Es ist so schön hell und warm.
Ihr würdet mich beneiden -
bei eurem derzeitigen
Herbstwetter.

Es geht weiter

das Leben.
Für mich wie für dich.
Zwei Ebenen, zwei Leben.
Die verbunden sind
durch die Liebe.
Für immer.

Auch wenn du es nicht fassen
kannst,
nicht wahrhaben willst,
es weh tut –
unser Leben geht weiter.
Deines dort und meines hier.

Lerne, damit zu leben.
Das es „einfach" weiter geht.
Das das Rad des Lebens nicht
ins Stocken gerät,
nur weil ich gegangen bin.
So unfassbar und hart es scheint
–
Lebe –
oder du verlierst dich.
Amen.

27.11.2003

Die hohe Kunst des „sich-wunderns"

Wir praktizieren sie Tag für Tag
und sind uns dessen selten bewusst –
die hohe Kunst des „sich-wunderns".

Wundern uns über den viel zu schnellen Fahrer,
der an der nächsten Ampel doch wieder vor uns steht.
Darüber, dass die Zeit immer viel zu schnell vergeht.
Darüber, dass wir einfach nie genug Geld haben.
Darüber, dass die Katze immer unseren Lieblingssessel zerkratzt.
Darüber, dass die Butter im Sommer schmilzt
Und dass die Wasserflaschen im Winter platzen,
wenn wir sie auf dem Balkon vergessen haben.

Wundern uns über die Reaktion eines anderen –
die wir ganz anders erwartet hätten.
Darüber, dass Bücher immer auf Seite 1 anfangen
und das Jahr mit dem Januar beginnt.

Wundern uns darüber, dass auf den Winter der Frühling folgt -
und die Vögel langsam aus dem Süden zurückkehren.
Wie aus Wasser Hagel wird,
warum Teebeutel an der Zimmerdecke kleben bleiben
und die Stifte ständig auf Wanderschaft sind.

Wundern uns, dass wir den Wald vor lauter Bäumen nicht sehen,
oder nichts zum anziehen finden, obwohl der Schrank randvoll ist.
Darüber, dass Kühe nun mal nicht lila sind
und die Nacht immer dunkel ist.

Wundern uns, nicht noch mehr Zeit zu haben.
Wo wir uns doch so bemühen, stets ein Quentchen mehr Zeit
„herauszuschlagen".

Wundern uns, dass wir scheitern, wenn es zu schnell gehen soll.
Wundern uns, wenn wir den Kollegen in Thailand aus tiefstem Schlafe geweckt haben.

Wir wundern uns ständig.
Meist ohne Bewusstheit.

Wenn es uns bewusst wäre,
würden wir viel mehr das Wunder darin sehen.

Alles ist ein Wunder.
Wir begreifen es nur meist nicht.
So bleibt uns vieles verborgen.

Lassen wir all die Wunder des täglichen Daseins auf uns zukommen.
Bewusst.
Dann können wir selbst kleinste Wunder
be-greifen
und lernen, das Leben
schätzen.

Nicht wund wundern, sondern auch die kleinsten Wunder erkennen und genießen.
Und sei es „nur" eine farbenfrohe Blüte, der Gesang eines Vogels, den warmen Schein einer Kerze oder das Lächeln eines Menschen.

Wundert euch bewusst -
und das Leben wird euch viele Wunder bescheren.
Im Kleinen wie im Großen.
Lasst es nur zu.

Dann bekommt jede Sekunde eures Lebens
einen besonderen Reiz.
Probiert es aus.

Friede sei mit euch. Amen.

27.11.2003

Time – limit?

Zeit.
Ein dehnbarer Begriff.
Für jeden eine andere
Bedeutung.
Wir versuchen, sie bis ins letzte
auszuquetschen.
Um immer noch mehr Zeit zu
gewinnen.

Für was?
Mehr Zeit gewinnen –
um dann noch mehr Termine
wahrzunehmen?
Noch einen Kurs, noch ein
Projekt –
wir packen immer mehr in unsere
Zeit.

Jedem steht seine Zeit zu.
Sie wird nicht mehr,
nur weil wir an einer Stelle
besonders eilen.

Hasten und eilen –
ohne innezuhalten und zu
verweilen –
das tut selten gut.

Teilt eure Zeit besser ein,
Erdlinge.
Menschen der „Zivilisation".
Lernt, eure Zeit zu schätzen.
Zeit ist etwas, das jeder hat –

gleich viel -
Arm wie Reich.

Die Maßeinheiten Stunde, Tag,
Monat, Jahr
wurde nur von Menschen der
„Zivilisation" erfunden,
damit ein Maß gegeben ist,
besser mit der Zeit klar zu
kommen.

Doch gelingt das?
Der Zeitbegriff ist für fast jede
Kultur anders.
Also ein sehr vergängliches Maß.

Schnallt eure Uhren ab.
Lernt, mit der Natur zu leben,
dem Tagsrhythmus.

Lernt, die Zeit zu beherrschen –
Eure Zeit.
Nicht, dass die Zeit euch
beherrscht.

Lernt, nein zu sagen.
Lernt, Prioritäten zu setzen.

Hört auf eure innere Stimme,
euer Herz.
Sie wird euch lehren, mit eurer
Zeit gut umzugehen.

Löst euch von der Begrenztheit
der Zeit, wie wir sie kennen.
Zeit ist grenzenlos –
wie der Raum.
Lasst euch nicht weiter
versklaven.

Eure innere Uhr tickt schon ganz
richtig.
Lernt, auf sie zu hören.

Fallt nicht darauf herein:
„Zeit ist Geld".
Es stimmt nicht.
Zeit kann man nicht mit Geld
kaufen.
Zeit ist unverkäuflich.

Genau wie die Sonne.
Es gibt gewisse Dinge,
die können wir Menschen der
„Zivilisation"
einfach nicht in Maße oder
künstliche Begrenzungen
packen.

Nur begreifen –
werden die meisten es wohl nie.
Fangt aber an,
zu lernen.

Löst euch von den „Grenzen",
die es nicht gibt.
Und ihr werdet weiser werden.
Friede seit mit euch. Amen.

Hätte ich doch nur

Hätte ich doch nur
mehr Zeit mit ihm verbracht.
Jetzt ist er weg.
Auf dieser Ebene erreiche ich ihn
nicht mehr.

Hätte ich doch nur
den Wasserhahn richtig
zugedreht -
dann stünde die Wohnung nicht
unter Wasser.

Hätte ich doch nur
eingegriffen, dann wäre der
Mann noch am Leben.

Hätte ich doch nur
mehr Rohkost gegessen, dann
wäre ich jetzt gesünder.

Hätte ich doch nur...
Wer kennt es nicht?
Tausende von Sachen,
die anders gelaufen wären, wenn
man aus dem
„Hätte ich doch nur"
ein „Habe ich getan" gemacht
hätte.

Tun statt „hätte..."
und es gäbe weniger Zweifel,
weniger Gram.
Weniger verpasste Chancen.

Nutze deine Zeit und „tu",
anstatt dich in „hätte..." zu
verlieren.

Es bringt dich nicht weiter.

Schau jedem Augenblick mit Mut
entgegen.
Trau dich, auf dein Herz zu
hören.

Dann wird „hätte..:" komplett
gestrichen
und du wirst zufriedener sein.

Lass dich darauf ein.
Es macht mehr Spaß.
Und dein Leben wird erfüllter
sein.

Friede seit mit dir. Amen.

Warum?

Warum ist die Banane krumm?
Warum ist der Ball rund
und die Erde keine Scheibe?

Warum hat der mehr als ich?
Warum ist der klüger als ich?
Warum bin ich so still?

Warum gibt es Krieg?
Warum vertrauen sich die Menschen nicht?
Warum ist die Nacht dunkel?

Warum kann ich nicht sehen?
Warum kann ich nicht sprechen?
Warum trägt Wasser?

Warum sind Blitze gefährlich,
und wilde Tiere nicht zum kuscheln da?
Warum zahlen wir Geld?
Warum ziehen die Vögel gen Süden?

Wir sind ständig begleitet –
von unseren ganzen „Warum's"-
Eine kleine Frage.
Zu vielem.
Zu allem.

Allerdings gibt es nicht auf alle „Warum's" eine Antwort.
Viele bleiben unbeantwortet.

Glauben ohne zu greifen.
Nur ein nacktes „be-"?

Findet die Antwort in eurem Herzen.
Friede sei mit dir. Amen.

Nussknacker

Na?
Hast du sie geknackt?
Deine Nuss des Tages?

Nussknacker
sind wir alle.
Tag für Tag
haben wir unsere eigene,
persönliche Nuss zu knacken.

Die Nuss des Tages
ist jeden Tag eine andere.

Mal lässt sie sich schwer knacken
und wir brauchen unsere ganze Kraft –
den anderen Tag
geht es ganz leicht.

Aber egal ob schwer oder leicht –
die Nuss des Tages
ist stets sehr reichhaltig.
Birgt eine Fülle
eine unglaubliche Fülle -
der wir uns nie wirklich bewusst sind.

Die Nuss des Tages knacken heißt,
aus dem Leben zu schöpfen.
Aus der Fülle des Lebens zu schöpfen.

Unser Leben hält uns sehr viele Nüsse bereit –
auch wenn es Tage mit ganz kleinen
oder auch faulen Nüssen gibt.

Knack deine Nuss des Tages -
so gut du kannst.
So schöpfst du täglich
aus der Fülle des Lebens.

Amen.

Tick tack, tick tack

Tick tack, tick tack –
so tickt die Uhr.
Jede Sekunde
unseres Lebens.

Rhythmus der Zeit.
Rhythmus des Lebens.

Ständig voran.
Unermüdlich.

Der Rhythmus des Blutes in den Adern,
der Rhythmus des Flusses.
Des Flusses allen Lebens.

Manchmal
versetzt sie Schläge, die Zeit.
Ins Gesicht, in den Nacken, den Magen.

Dann sind wir angehalten,
den Rhythmus unserer Zeit
neu zu überdenken.

Die Zeit ist unerbittlich.
Sie geht vorbei.
Heilt Wunden.
Lässt die Sonne aufgehen
und Musik erklingen.

Sie lässt sich weder vor- noch zurückdrehen.

Alles nach dem stets gleichmäßigen
Rhythmus der Zeit.

Sie vollbringt Großes
und Kleines.

Lerne, mit ihr zu leben.
Schließ dich ihr an.
Sie ist dein bester Freund. Amen.

04.12.2003

Mutter Erde

Unsere Mutter Erde –
wie sehr vernachlässigen wir
dich?
Wie unendlich groß ist dein
Schmerz?

Dir werden große Wunden
zugefügt,
du wirst ständig neu verwundet.

Du bist geduldig.
Siehst alles mit an.
Tust nichts, um deinen Schmerz
zu lindern.
Wehrst dich nicht.

Du weißt um die Zeit.
Die Zeit heilt deine Wunden.
So tief sie auch sein mögen.

Die Zeit bringt Veränderung.
Veränderung

ist eine Chance.

Es gibt nur ganz wenige von uns,
die um deinen Schmerz wissen.
Die versuchen, ihn zu lindern.

Sei gewiss, die Menschenkinder
sehen zu wenig.
Sie sind zu klein, um zu erfassen.
Erfassen, was sie tun,
was sie anrichten.
Aus Unwissenheit.
Oder berechnet?

Deine Schützlinge, die
Menschenkinder,
haben noch sehr viel zu lernen.
Öffne ihnen die Augen.
Eines Tages
werden sie begreifen.
Amen.

Be-greiflich?

Wie Menschen hören viel, sehen viel.
Versuchen anzuhäufen,
was wir „Wissen" nennen.
Immer mehr.
Tag für Tag.

Uns überflutet immer mehr. Täglich.
Ob wir wollen
oder nicht.

Ständig muss dieses „Wissen" „gesichert" sein.
Zählt nicht heute die Stimme eines Wissenschaftlers, eines Arztes mehr
als die Stimme des Herzens?

Wissenschaft ist tot. Nie lebendig.
Widmen wir uns dem Studium des Lebens –
Das weder „Belegung" noch „Wissen" benötigt.

Dieses Wissen ist in uns.
Unser Herz. Unsere „innere Stimme".
Lerne, auf sie zu hören.
Schenke ihr mehr Vertrauen,
als den „neusten Erkenntnissen" der Wissenschaft.

Deine Stimme des Herzens wirst du nie
be-greifen können.
Du musst ihr vertrauen und an sie
glauben.

Dann wirst du leben.
Mit dir im Frieden.

Denn die Wissenschaft ist tot.
Die immer wieder „neuste Erkenntnis" derer,
die nicht glauben wollen. Überflüssig.

Glaube an dich.
Werde kritischer. Werde lebendig. Amen.

Einfach

Einfach –
in diesem Wort liegt so viel.

Die Angst, loszulassen.
Die Erkenntnis, wie wenig
wirklich wichtig ist.

Einfach machen, spontan handeln.
Unkompliziertheit des Lebens.

Das Leben ist so einfach.
Wir erkennen es nur nicht.
Dafür wird unsere geschaffene Welt
einfach zu kompliziert.
Tag für Tag
komplizierter.

Warum die Köpfe zerbrechen –
es geht auch einfach.
Aber der Blick für das Einfache
ist uns verlorengegangen.

Lernt,
eure Welt mit Kinderaugen zu sehen.
Dann wird eurer Leben
wieder einfach, unkomplizierter.
Ohne Erklärungen, Rechtfertigungen,
ohne großes Wenn und Aber.
Einfach eben.
So wie das Leben von jeher war.
Einfach und warm.

Einfach leben –
und auch mal Fünfe gerade sein lassen.
Dir zuliebe. Für deinen Frieden. Amen.

04.12.2003

Gedanken

Jedes Lebewesen hat sie.
Tiere machen sich nie zu viele –
Schutz der Natur?

Gedanken bringen
Verantwortung.
Gedanken sind frei –
Egal, wo du bist, was du bist.

Zu viele davon können
schlaflose Nächte bereiten.
Manche haben eben zu viele
davon –
manche vielleicht zu wenig.

Man sollte sich manchmal nicht
zu viele Gedanken machen.
Das Leben ist die Einfachheit.

Öfter mal einfach nur tun,
als sich große Gedanken darum
machen.

Indem wir denken,
entwickeln wir uns ständig weiter.
Wachsen – oder vielleicht auch
nicht.

Das kommt ganz auf das „Futter"
und das Selbst an.

Aber oft messen wir unseren
menschlichen Gedanken einfach
zu viel bei.
Bilden uns ein, wir seien die
„Größten".
Wir haben noch sehr, sehr viel zu
lernen!

Gedanken sollten auch etwas mit
Dank zu tun haben.
Dankbar dafür sein, dass wir
lernen dürfen.
Ständig wachsen dürfen.

Der Gedanke war vor dem
irdischen Leben,
vor jedem Tun.
Und wird alles überdauern.
Lassen wir uns dafür dankbar
sein.

Friede sei mit euch.
Amen.

41

04.12.2003

Ungewissheit

Wer kennt sie nicht?
Die Ungewissheit?

Nicht zu wissen,
was man morgen zu essen hat?
Ob man das Morgen noch erlebt?
Wie das Wetter morgen wird?

Es wird immer Bereiche in unserem Leben geben,
die wir nicht mit Gewissheit voraussagen können.

Gewiss ist nur,
dass wir im Hier und Jetzt leben.
Den Augenblick haben wir gewiss.

Das Gestern ist ein gewisser Traum,
das Morgen eine ungewisse Hoffnung.

Ungewissheit heißt,
etwas nicht sicher zu wissen.

Wenn wir also lernen,
an die Hoffnung des Morgens zu glauben,
und aus der Gewissheit des Gesterns zu lernen –
dann schwindet die Ungewissheit.

Mit ihr werden wir immer leben müssen.
Es liegt aber an dir selbst
ob du dich in ihr verlierst
oder der Hoffnung vertraust.

Lass sie auf dich zukommen.
Neugier des Lebens.
Amen.

Ich – I, myself and me –

Ich.
Wer bin ich?
Das frage ich mich vielleicht
schon mein Leben lang.

Bin ich ich?
Oder zu sehr von dem geprägt,
wie die anderen mich wollen?

Bin ich ich?
Liebe ich mich so, wie ich bin?
Bin ich nachsichtig genug mit mir?

Lerne, dich selbst zu lieben.
Wie sollst du sonst andere lieben?
Behandele dich so, wie du auch erwartest,
von anderen behandelt zu werden.

Lerne dein Ich kennen.
Höre auf dein Herz.
Sei geduldig –
mit dir.

Löse dein Ich von anderen.
Finde deinen eigenen Weg.
Auch wenn es nicht immer leicht ist.

Wege suchen und finden
heißt aber auch,
manchmal ins Leere zu laufen.
Das gehört dazu.

Habe den Mut –
finde dein eigenes Ich.
Und du wirst deinen Frieden finden.

Amen.

Da wäre noch was...

...was ich dir sagen wollte.
Doch jetzt ist es dafür zu spät.

Es wird viel gesagt –
Wichtiges, Unwichtiges.
Erzählen um des Erzählens Willen.

Wer kann zuhören?
Wer kann die Stille ertragen?

Wer kann abwägen,
wann es vielleicht besser ist, auf „Durchzug" zu stellen?

Reden, das nicht ankommt?
Zuhören, das nicht ankommt?

Erkennen.
Schweigen, wenn es Not tut.
Ohne Worte verstehen.
Lernen, seine Meinung zu sagen.

Sage das, was dir am Herzen liegt.
Aber wäge ab, ob es wirklich wichtig ist.
Wenn ja – rede.
Wenn nein – schweige.

Rede nicht um des Redens Willen.
Es wird eh schon zuviel (sinnloses) geredet –
Und zu wenig zugehört und getan.

Zuhören – und verstehen.
Reden – und verstanden werden.

Oder einfach schreiben.

Amen.

04.12.2003

Respekt

Respekt
ist jedem in die Wiege gelegt.

Respekt vor allem,
das lebt.

Vor der Erde, der Natur,
den Tieren und den anderen Menschen.
Ob sie es aus unseren Augen „verdienen" oder nicht.

Respekt haben heißt,
das Leben zu akzeptieren.
Sich selbst zu akzeptieren.

Respekt heißt,
Achtung vor dem Leben zu haben.
In jeder Form.
Ob Ameise, verkrüppelter Behinderter,
kleines Bächlein oder Stein, der im Wege liegt,
ausgebeutete Tiere oder betrunkener Verzweifelter um die Ecke.

Respekt haben heißt,
die Gesetze des Lebens zu akzeptieren.
Und zu achten.

Respektieren ist nicht schwer.
Respektlosigkeit ist immer mit Leid verbunden –
meist ist das eigene Leid dann umso größer...
Früher oder später.
Aber auf jeden Fall.
Sei gewiss.

Amen.

Die kleinen Lichter

Siehst du sie?
Dort, die kleinen Lichter?
Hineingekuschelt an des Berges Hang?

Wie klein und warm sie wirken.
Lichter in der Dunkelheit.

Wir finden diese kleinen Lichter überall –
ob spielerisch getupft in sanfte Hänge,
fröhlich geschlängelt auf den Straßen,
einsam auf Hügeln
oder geballte Helligkeit in den Städten.
Verloren auf hoher See.

Von Menschenhand.
Gezähmt.
In die Schranken gewiesen.

Tröstlich.
Ob vom Mensch oder
als funkelnder Sternenhimmel –
getupft in der unendlichen, samtigen Schwärze
der Ewigkeit.

Sie erwärmen
die Herzen – und Hände.

Du findest diese kleinen, strahlenden Lichter überall.
Ob an den Hängen der Berge –
oder in den Straßen der Städte.
Ob am Himmel –
oder in den Augen deines Nächsten.

Schau genau hin.
Und spür das Wunder.

Amen.

Das rot-weiße Band

Das rot-weiße Band –
es schlängelt sich strahlend durch die Dunkelheit.

Ein stetiger Strom,
pulsierend, leuchtend, funkelnd.

Immer ein Kommen und Gehen.
Von A nach B.
Ohne Rast.
Unermüdlich.

Der Strom der rot-weißen Lichter
reißt nicht ab.
Mal wird er dünner,
dann wieder umso stärker.

Solange es Autos gibt,
wird das strahlende rot-weiße Band
nicht versiegen.

Denn viele Menschen gehen viele Wege.
Ihre eigenen.
Deswegen wird es immer einen Grund geben
für das rot-weiße Band
zu strahlen.

Und wenn das rot-weiße Band ins Stocken gerät,
kommt ein blaues Licht dazu.
Damit der Strom wieder fließen kann.
Ungerührt.

Funkelnde Schönheit.
Aber auch gefährlich.

Daum hab' deine Augen überall
und sei stets einen Augenblick voraus –
auf der Autobahn –
sowie auf allen anderen Straßen und Wegen
deines Lebens.
Amen.

Hey, Du!

Hey, Du!
Du hast viele Namen.
Du bist der Rhythmus des Lebens.

Du hast deine feste Zeit.
Mal zeigst du dich – strahlend, in voller Pracht.
Mal verschwindest du - still.

Und es gibt Zeiten in denen du zögerst.
Zögerst, zu strahlen.
Zögerst, zu verschwinden.

Du bist der Rhythmus des Lebens.
Deine Freundin spendet das Leben –
du bist der Rhythmus.

Du bist faszinierend, geheimnisvoll.
Eine große Macht auf das Leben.

Du bist gefürchtet, respektiert,
angebetet, verflucht.
Aber keiner
kann sich aus deinem Bann befreien.

Von vielen bist du vergessen.
Besonders dort, wo viel Licht ist.

Vergessen.
Aber einige – immer mehr - erinnern sich.
Ohne dich gäbe es keinen Rhythmus des Lebens.
Dafür danken wir dir –
geheimnisvoller Mond.

Du wirst immer bei uns sein
und uns beeinflussen.
Ob wir es merken
oder nicht.

Rhythmus á la Luna.
Fangen wir an,
mitzutanzen, mitzusingen, mitzuschwingen. Amen:

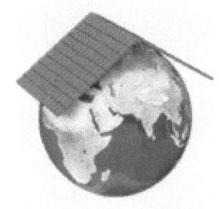

08.12.2003

Meine Heimat

Wohnen kann ich überall.
Wenn ich an mehreren Orten
wohne,
habe ich mehrere Zuhause.

Wohl fühle ich mich da.
In meinen Orten, in denen ich
wohne.
Zuhause eben.
Wenn auch jedes anders ist.

Zuhause bin ich auf der ganzen
Welt.
Die Welt ist wunderschön.
Sie hat so viele Seiten,
so viele Gesichter.

Rau und hart,
weich und sanft,
öd und paradiesisch.
Wo gibt es einen Planeten
Mit so vielen Gesichtern?
Und wir haben die Ehre, alles auf
einmal zu haben.

Entdecken wir diese vielen
Gesichter.
So viele wie möglich.
Auch wenn es zu viele für ein
Leben sind.

Die Schönheit unserer Erde.
Besinn dich!
Erfassen, begreifen und –
danken!

Danken, dass wir hier sein
dürfen!
Auf der wunderbaren Erde.
Lernt sie zu schätzen.

Meine Heimat allerdings –
das wird immer dort sein,
wo ich aufgewachsen bin.
Nirgendwo anders.
Und eines Tages -
kehre ich dorthin zurück.
Amen.

Emmern

Du bist mir ans Herz gewachsen.
Mein Emmern.
In dir bin ich aufgewachsen.

Lachen und Weinen, Schimpf
und Schelte,
Freud und Leid, leben und
lernen.

Wachsen.
Aus den Schuhen.
Aus dem Haus.
Aus dir.

Um zu lernen. Zu wachsen.
Um zu erfahren, was ich an dir
habe.
Gehabt habe und immer haben
werde.

Mein liebster Platz auf Erden.
Meine Heimat.

An dir habe ich mein Herz
verloren.

Die sanften Hügel, die weiten
Felder.
Die lebendigen Flüsse, das
kräftige Grün der Wiesen.
Der Schrei der Raubvögel.
Die beruhigende Stille.

Ich genieße deine Schönheit.
Deine Stille und Lebendigkeit.
Mein kleines, geliebtes Emmern.
Unser Bann kann nicht
gebrochen werden.
Ein Bann für die Ewigkeit.

Ich trage dich im Herzen.
Auch wenn wir beide unser
Gesicht verändern und ständig
Wachsen.

Amen.

Mein Weg

Was ist das für ein Weg?
Der Weg, der meiner ist?
Was wird er mir bringen?

Die Antwort liegt in dir –
denn nur du kannst bestimmen,
wohin er dich führen soll.

Dieser Weg geht immer weiter,
immer weiter, stets voran.

Finde deinen Weg,
höre auf dein Herz,
akzeptiere die Veränderung –
nur ihr kannst du wirklich sicher sein.

Dein Weg führt dich sicher –
weiter, immer voran.
Ob durch dunkle Täler oder
strahlende Höhen.

Deinen Weg
gehst du niemals alleine.
Immer werden der Vater im Himmel und die
Mutter auf der Erde bei dir sein –
und ihre Engel.

Niemals
bist du alleine
auf deinem Weg.

Deine Ziele sind die Stationen der Rast.
Aber dein Weg führt dich weiter.
Immer.
Zu dir.
Fürchte dich nicht.

Amen.

27.12.2003

Ein funkelnder Stern

In der Nacht
ein funkelnder Stern –
in der Weite siehst du ihn.
In der Nacht
ein funkelnder Stern –
er schaut dir zu und
lächelt dich an:
Ich bin bei dir.

In der Nacht
der funkelnde Stern –
sieht dich an und
zwinkert dir zu.
In der Nacht
der funkelnde Stern –
lächelt dich an und
weist dir den Weg.

Er ist bei dir
der funkelnde Stern –
schau hinauf –
er sieht dich an.
Er bleibt bei dir
der funkelnde Stern –
öffne dein Herz,
vertraue ihm –
er lässt dich nicht allein.

Ist es ein Stern?
Ist es mein Herz?
Das mir den Weg weist,
den meinigen?
Wer es auch ist –
höre auf dein Herz.
Und der funkelnde Stern
wird immer bei dir sein.
Amen.

29.12.2003

Verzeihe mir!

Wie oft –
Dass wir aus Versehen
Den anderen kränken?
Ohne es zu bemerken?
Ohne, dass er was sagt?

Verzeihe mir –
ich hab' es nicht so gemeint,
war nicht „bei mir", in meiner Mitte.

Lege nichts auf die Goldwaage.
Es gibt Tage,
die nehmen wir schwerer,
sind „angreifbarer" –
für Zorn, Wut oder „Wasser".

Verzeihe mir –
wenn ich ungerecht war.
Wenn ich dich nicht verstanden, „gesehen" habe.

Verständnis für die Situation des anderen.
Liebevolle Augen.
Die Fünfe grade sein lassen –
egal was kommt.

Verzeihe mir –
Alles, was ich unbewusst tat,
wo ich ein „Trampel" war.

Verzeihe mir –
wie auch ich dir alles verzeihe.
Das größte im Leben
ist nun einmal
die vergebende und
sich ständig erneuernde
Liebe.

Friede sei mit euch. Amen.

53

Rücksicht

Rücksicht nehmen.
Auf andere.
Auf sich selbst.
Auf alles.

Rücksicht nehmen
will gelernt sein.
Gesunder Menschenverstand
gebietet sie.

Rücksicht üben
vor allem gegenüber sich selbst.
Erkennen,
was das Beste für sich selbst ist.

Rücksicht üben
gegenüber allem anderen, das lebt.
Raucher haben sie meist nicht –
sind rücksichtslos – gegenüber anderen
und gegen sich selbst. Warum?
Das ist nur ein Bespiel.

Rücksichtslos
die eigenen Interessen durchsetzen
auf Kosten anderer
auf Kosten anderen Lebens.
Tierverzehr gehört dazu.
Alles ausbeuten der Tiere eben -
egal auf welcher Ebene –
ob nun das Fleisch, die Milch oder der Honig.
Für uns Menschen aber nicht nötig!

Rück - sicht auf
seine bisherige Zeit hier auf Erden.
Hast du gelernt?
Denke nach. Erkenne.
Nimm Rücksicht auf dich -
und alles andere.
Amen.

Was du willst

Weißt du, was du willst?
Kennst du deine Ziele?

So viel wollen wir.
Immer mehr. Ständig.
Warum?

Weil es uns weiterbringt?
Weil wir es von Herzen wollen?
Weil es uns durch die Werbemaschinerie
Suggeriert wird?

Bedürfnisse schaffen
Wo keine sind.
Warum ist das nötig?
Nur aus Profitgier!

Lass dich nicht einwickeln –
Von keiner Werbung.
So verlockend es auch alles ist.

Lass dich nicht blenden –
Von den sogenannten „Modetrends".
Sie binden dich. (Wie der „eine Ring".)
Sie lassen dich deinen eigenen Willen,
dein eigenes Ich verlieren.

Schwimm gegen den Strom.
Auch wenn es hart scheint.
Lerne erst einmal,
dich zu finden.
Auf dein Herz zu hören,
dass dir am besten sagen kann,
was es wirklich will.

Werde nicht zur willenlosen
Gesellschafts-Marionette.
Denke darüber nach.

Amen.

Schwierig

Was ist schwierig?
Ist dieser Begriff genau zu definieren?

Was ist schwierig für wen?
Schwierig, zu fliegen ohne Flügel?
Schwierig, zu sprechen ohne Zunge?
Schwierig, zu hören ohne Ohren?

Schwierig
hat für jeden eine andere Bedeutung.
Für den einen ist etwas schwierig,
was für den anderen nicht erwähnenswert ist.

Was ist für dich schwierig?
Schwierig, zu gehen?
Schwierig, rot von grün zu unterscheiden?
Schwierig, mit Geld richtig umzugehen?
Schwierig, dich selbst zu finden?
Schwierig, in manchen Situationen ruhig zu bleiben?
Schwierig, deine Zeit einzuteilen?

Oft messen wir dem „schwierig"
eine viel zu große Bedeutung bei.
„Kann ich nicht!" oder gar nicht erst versuchen
ist einfacher. ?

Nichts
ist wirklich schwierig.
Du musst nur einen Anfang finden
und den ersten Schritt tun.
Auch wenn selbst das schwierig scheint.
Nach diesem Anfang
wird alles leichter.

Versuch es nur.
Habe Mut und gib (dich) nicht auf!

Amen.

Weite

Dürfen wir uns der Weite berauben?
Der Weite, in der wir unsere Seele
Baumeln lassen können?

Weite –
das ist Uneingeschränktheit,
das ist den Blick schweifen lassen –
in Zeit und Raum.

Städter werden diese Weite nie erfahren.
Haben sie nie wirklich kennen gelernt.
Eingeengt in den Straßen –
räumlich so begrenzt, beengt,
wissen nicht, wie schön sie ist,
wissen sie nicht zu schätzen,
haben Angst vor der Ruhe,
die sie ausstrahlt.
Angst, sie können in ihr verloren gehen.

Weite
des Raumes.
In der Natur
ist alles weit. Jeder hat genug – mehr als genug Platz.
Weite des Ozeans.
Weite in den Augen der Giraffe.

Weite –
Wie auch immer verstanden,
ist nicht begreifbar.
Sie ist einfach wunderschön.
Balsam für die Seele.

Lass auch du deinen Blick schweifen.
Vielleicht wirst auch du bezaubert
und lernst die Weite
schätzen.

Amen.

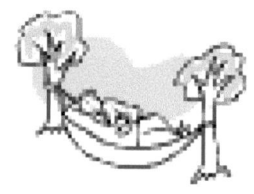

Ruhe

Mach mal Pause.
Pause von der Hektik des Alltags.
Stell das Radio aus.

Lerne, die Stille zu genießen.
Lerne, mit dir selbst zu sein.

Heutzutage ist alles laut.
Wird immer lauter.
Ständig dudelt Musik oder Unterhaltungsprogramme,
die Kinos werden immer lauter.
Warum?

Gönn dir die Stille.
Auch wenn es anfangs nicht so leicht scheint.
In der Stille sein heißt,
mit sich selbst zu sein.

Lass dich nicht zu oft von deinem Selbst ablenken.
Lerne, auf dein Herz zu hören.
Es geht in der heutigen ständigen Lautstärke
des Daseins unter.

In der Stille, in der Ruhe
finde zu dir.
Erhole dich von den alltäglichen Anstrengungen.

Schöpfe Kraft aus der Stille und Ruhe.
Nur in ihr wirst du sie „aufladen" können.

Suche die Stille
und laufe nicht vor ihr weg.
Sonst läufst du ständig
vor dir selber weg.

Erkenne und lerne.
Lerne, die Stille zu schätzen.
Amen.

Schwarz oder weiß?

Schwarz oder weiß,
grün oder rot,
dick oder dünn,...

Wir teilen alles, was wir erfahren,
in Schubladen.
In Schubladen, die beurteilen,
verurteilen.
Weil wir es so gelernt haben.
Durch unsere Eltern,
durch die Gesellschaft.

Warum lassen wir uns durch diese
Schubladen einschränken?
Sie blenden uns und lassen
uns die Dinge nicht sehen, wie sie sind.
Schubladen heißt, Dinge zu übernehmen,
wie sie andere sehen.
Nicht, wie wir Dinge sehen.
Sonst würden wir heute noch denken,
die Erde sei eine Scheibe
und Hexen müssten verbrannt werden...

Schubladen behindern unseren Geist,
unser freies, neutrales Denken.
Nichts ist gut oder böse oder schlecht –
wir selber erst machen es dazu.

Kinder haben keine Schubladen.
Sie nehmen alles an, wie es ist,
be- und verurteilen nicht.
Sie sind einfach nur.

Bewahre das Kind in dir.
Finde es wieder.
Befreie dich von deinen Schubladen.
Werde du selbst.
Amen.

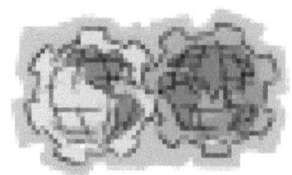

Fortschritt?

Fort-schritt oder
Rück-schritt?

Wir „entwickeln" alles weiter.
Technisch sind wir weit „vorn".
Weit vorn? Wobei? Womit? Wozu?

Technischer Fort-schritt.
In der Medizin, im Verkehrswesen, in der „Kommunikationstechnologie",
in der Raumfahrt.

Was bezeichnen wir als Fortschritt?
Das die Menschen älter werden (dafür aber in Heimen dahinsiechen)?
Das immer neue Gesetze gemacht werden (die gebrochen werden)?
Das es Roboter gibt, die Menschen ersetzen sollen?

Fort-schritt heißt auch immer
Rück-schritt.

Wir schreiben E-Mails
ohne nachzudenken. Weil es schnell ist, bequem.
Können sich ja andere Gedanken machen –
ja nicht ich selber.

Meist wird uns erst im Nachhinein bewusst,
was wir damit angerichtet haben.
Zu spät.

Fort-schritt verleitet zur Bequemlichkeit,
dazu, weniger Nachzudenken,
nicht lebendig zu sein.

Fort-schritt der Gesellschaft
ist immer auch ein Rück-schritt.
In gewisser Weise für alle.

Amen.

Sylvester

Sylvester - der Wechsel der Jahre.
Wechsel der Jahrtausende.

Sylvester – nur wieder einer der Gründe,
um laut und rücksichtslos zu sein,
um sich betrinken zu können?
Es verkommt immer mehr dazu.

Sylvester – blicke auf das letzte Jahr zurück.
Hast du alles geschafft, was du wolltest?
Es gab dunkle Zeiten, aber auch schöne.

Versuchen wir, den Schmerz des letzten Jahres
hinter uns zu lassen.
Damit das neue Jahr kommen kann.
Damit wir einen neuen Versuch haben.

Neues Jahr, neue Chancen.
Aus den Fehlern des vorigen Jahres zu lernen.
Ziele zu planen – nicht nur für das neue Jahr.

Alles hat seine Zeit.
Sowie dieses neue Jahr
ein weiteres Jahre des Lernens sein wird.
Seien wir dankbar dafür.
Dankbar für den neuen Anfang.
Um zum Leben zu finden.
Immer ein Stück mehr.

Welches Jahr es für dich auch sein mag.
Jahre zählt man nicht,
man lebt sie.

Je mehr man davon hat,
desto mehr sollte man gelebt haben –
und gelernt.

Lerne und lebe –
egal, welches Jahr dies für dich ist. Amen.

Augenblick

Wir blicken mit den Augen –
Ein „Augenblick" für uns.

Wie lange?
Eine Sekunde?
Einen Augenaufschlag?
Eine Ewigkeit?

Der Augenblick ist zeitlich nicht begrenzt.
Er ist einfach .
Im Hier und Jetzt.

Nur ihn können wir mitnehmen.
Nur die Erinnerung an ihn.
Wohin wir auch gehen werden.

Augen-Blicke sind kostbar.
Lerne, sie zu erkennen,
sie zu leben.

Koste sie aus, deine Augenblicke.
Nimm die schönen Momente mit.
Aus den bitteren lerne.

Augenblicke –
Momente des Lebens.
Eindrücke der Augen,
Erfahrungen der Sinne.

Sammel Augenblicke,
dafür bist du auf diesem
wunderbaren Planeten.
Was auch immer er dir bescheren mag.

Nur sie kannst du mitnehmen –
auf deine letzte, irdische Reise.
Wohin sie auch führen mag.

Amen.

Eindrücke

Spuren des Lebens in der Seele.
Eindrücke beeinflussen.
Die Eltern, die Freunde, die Schule,
die Gesellschaft.

Eindrücke lassen lernen. Wachsen.
Staunen. Abstumpfen.
Schreien. Weinen. Lachen.

Eindrücke sind die Spuren,
die das Leben in uns hinterlassen hat.
Bist du bereit, aus ihnen zu lernen?
Oder verstellen sie deinen Blick? Blockieren ihn?
Blockieren ihn so, dass du nicht wachsen kannst?

Eindrücke berühren unsere Seele.
Eindruck schinden stößt sie ab.

Lass dich nicht von Eindrücken blenden,
die dich nicht weiterbringen.
Die dir nicht helfen, zu dir zu finden.
Die dich hindern wollen, dich gefangen nehmen.
Befreie dich von diesen Einengungen.

Lerne, von den Eindrücken zu lernen.
Du wirst an ihnen wachsen.
Lass es zu.

Eindrücke –
die Spuren des Lebens
in deiner Seele.

Amen.

Bist du bereit?

Bist du bereit?
Für dein Leben?
Dafür, Spuren in den Herzen anderer
zu hinterlassen?

Bereit für die Stille?
In der du dein Ich findest?

Bereit, deine bisherige Zeit zu überdenken?
Dir neue Ziele zu setzen?
Deine Prioritäten neu zu ordnen?

Bereit, aus vergangenem zu lernen?
Bereit, neues zu lernen?
Bereit, über deinen Schatten zu springen?

Bereit, anderen zu helfen?
Zu helfen, sich selbst zu finden?

Bereit, auch einmal fünfe grade sein zu lassen?
Bereit, ruhiger zu werden?
Ruhiger gegenüber dem Leben.

Erkennen, was wichtig ist. Ohne Hektik.
Was wirklich wichtig ist.
Für dich. Aber auch für andere.

Bereit, abschätzen zu lernen,
was man als wichtig erachtet –
was einen weiterbringt
im Wachsen -
im Finden zu sich selbst und
im Finden zueinander.

Amen.

Beweglichkeit

Beweglichkeit
bedeutet Lebendigkeit.

Beweglichkeit
der Seele, des Geistes,
des Körpers.

Durch den heutigen Fort-schritt
werden wir zur
Bequemlichkeit
verleitet.

Kinder werden zum Sport gebracht,
anstatt mit dem Rad zu fahren oder zu Fuß zu gehen.
Das Auto wird direkt vor der Haustür abgestellt.
Der Fahrstuhl auch für ein Stockwerk benutzt.

Beweglichkeit
sollten wir uns bewahren.
Obwohl die geistige nicht von
der körperlichen Beweglichkeit abhängt.

Lerne, Beweglichkeit neu zu erfahren.
Lerne, Beweglichkeit zu schätzen,
solange du in deinem Körper
noch uneingeschränkt frei bist.

Lerne, sie zu schätzen und
sei dankbar dafür -
sie ist nicht
selbstverständlich.

Amen.

Es tut weh

Heute wäre dein Geburtstag.

Ich sehe dich lachen –
ein verschmitztes Lachen.
Ich sehe dich erzählen,
mit Rat und Tat zur Seite stehend.

Du liebtest das Leben.
Reisen. Die Wärme der Sonne.
Tüfteln, basteln – es gab nichts,
wofür du keine Lösung hattest.
Güte. Wärme der Seele.
Lächeln. Wärme der Seele.
Liebe. Wärme der Seele.
Verständnis. Wärme der Seele.
Weltoffen. Viele Freunde.
Sehr beliebt. Humorvoll.
Verschmitzt.

Ich sehe dich lachen.
Spüre deine Fröhlichkeit, Lebendigkeit.
Dieses immer-willkommen-sein.
Auch wenn dein Platz jetzt leer ist,
lachst du mich an. Jetzt. Und hier.
Ich spüre, dass du da bist.
Immer da sein wirst.
In meinem Herzen.
Du hast deinen Platz gefunden –
und deinen Frieden.
Aber es tut weh – für mich.

Heute wäre dein Geburtstag.
Aber ich werde immer
an dich denken.
So wirst du mich nie verlassen.

Ich sehe dich lachen –
und das ist
gut so.

Amen.

Benommenheit

Die Zeit verschwimmt.
Wie lange ist es her?
Das du bei uns saßest?
War es gestern oder
vor einem Jahr?

Das Gefühl für die Zeit
geht verloren.
So vieles ist passiert.
Zu „groß", um es erfassen zu können.

Die Zeit ist wie ein Gummiball –
sie schnellt vor
und zurück.

Bist du wirklich nicht mehr bei uns?
Bist du nicht nur zum Einkaufen gegangen?
Ich habe doch gerade noch
mit dir gesprochen, gelacht.

Bitterkeit an die Leere.
Süße der Erinnerung.

Es ist gut so,
dass die Zeit verschwimmt.
Das du nicht mehr
und doch noch da bist.

So wirst du
immer
bei uns sein.
Bei denen, die dich lieben.

Amen.

Nebel der Klarheit

Wir sind blind,
weil wir benommen sind.
Benommen
von den Streichen,
die die Zeit uns spielt.

Das Leben ist Klarheit.
Wir sind hier, um dies zu lernen.

So vieles
verstehen wir nicht.
Ist zu „groß" für uns,
entschwindet im Nebel.
Im Nebel der Zeit.

Begib dich auf Entdeckungsreise
Zur Klarheit. Reinheit des Lebens.
Allerdings wird da auch immer
ein gewisser Nebel da sein.
Und das ist auch gut so.

Nebel lässt Grenzen verschwimmen.
Grenzen, die es nie gab und gibt.
Integriere den Nebel in die Klarheit
und du wirst das Leben finden.
Auch wenn es an manchen Stellen
entglitten ist.

Du und alle, die du liebst,
sind im Hier und Jetzt
vereint.

Sei nicht traurig.
Hebe deinen Kopf –
und deinen Geist.

Sei beruhigt.
Ich werde immer
bei dir sein.
Amen.

Tränen des Verstehens

Tränen der Geburt – du weinst sie.
Die anderen freuen sich. Wegen dir.

Tränen des Lernens. Immer.
      Aus Trotz.
      Aus Neugier.
      Aus Liebe.
      Aus Wut.
      Des Schmerzes.
      Der Freude.
      Aus Unverständnis.
      Weil uns andere verletzten,
      weil uns andere berührten.

Tränen der Trauer – andere weinen sie. Um dich.
Du aber freust dich. Und weinst vielleicht eine
Träne des Verstehens.

Des einen Trauer ist immer auch eine Freude des anderen.
Auf anderen Ebenen.
Lauf des Lebens.

Lerne, dies zu erkennen –
damit deine Tränen
niemals zu bitter werden.

Und denke stets daran:
die Sonne scheint immer.
Für dich.

Lerne und erkenne –
zaubere wieder ein
strahlendes Lächeln hervor.

Für die Wärme des Lebens.

Für mich und dich.

Amen.

07.01.2004

Ein Versprechen

Ich konnte es mir nie vorstellen.
Das du einmal
nicht mehr bei mir bist.

Habe nie daran gedacht.
Die Stunden mit dir
waren einfach zu schön und ausgefüllt,
um daran zu denken.

Selbst jetzt kann ich mir nicht vorstellen,
das du nicht mehr da bist.
OK – du sitzt nicht mehr bei mir.
Aber du bist da.

Du bist bei mir.
das weiß ich –
weil ich dich liebe.
Immer noch.
Daran ändert sich nichts.

Deshalb brauche ich mir auch nicht vorstellen,
dass du nicht mehr da bist.
Denn die Liebe kann uns
nicht trennen.

Ich brauche nur meine Sichtweise zu ändern.
Du bist immer bei mir –
auch wenn ich dich jetzt „nur noch"
in meinem Herzen tragen kann.

Wir sehen uns wieder.
Hier und Jetzt.
Irgendwann.
Mit Sicherheit.

Bewahre dir deine Liebe.
Ich warte auf dich.

Amen.

Über mich

In dieser Inkarnation heiße ich Anja Gundermann und habe 1975 in Hameln das Licht dieser wunderbaren Welt erblickt.
Nach der Ausbildung zur Großhandelskauffrau in Hameln arbeite ich seit 1996 im Schüleraustausch bei ‚AFS Interkulturelle Begegnungen e.V.' in Hamburg.
Wer mehr wissen möchte:
Auf meiner Homepge www.leuchtturm-der-seele.de gibt es weitere Infos.

Als ‚Licht-Bringerin der Neuen Zeit' möchte ich Dir gerne mein Licht zur Verfügung stellen, um Dir auf Deinem Weg zu helfen. Um Dich selbst wieder zu entdecken. Um Dich auf den Weg Deines Herzens zu bringen. Lies, spüre in Dich hinein, entdecke Dich.

Möge Dich das Licht der ‚universellen' Liebe im Herzen berühren.

Namaste

Bibliografische Information der Deutschen Nationalbibliothek: Die Deutsche Nationalbibliothek verzeichnet diese Publikation in der Deutschen Nationalbibliografie; detaillierte bibliografische Daten sind im Internet über dnb.dnb.de abrufbar.

Herstellung und Verlag:
BoD – Books on Demand, Norderstedt"

ISBN: 9-783748-188506